Jorge M. Bergoglio
Papa Francisco

Corrupção e pecado
Algumas reflexões a respeito da corrupção

EDITORA AVE-MARIA

© 2005 by Editorial Claretiana (Argentina)
ISBN: 978-950-512-549-6

© 2013 by Editora Ave-Maria. All rights reserved.
Rua Martim Francisco, 636 – 01226-002 – São Paulo, SP – Brasil
Tel.: (11) 3823-1060 • Televendas: 0800 7730 456
editorial@avemaria.com.br • comercial@avemaria.com.br
www.avemaria.com.br

ISBN: 978-85-276-1452-8

Título original: *Corrupción y pecado*

Tradução: Sandra Martha Dolinsky

Capa: Equipe Editorial Claretiana

5ª reimpressão – 2021

Dados Internacionais de Catalogação na Publicação (CIP)
Angélica Ilacqua CRB-8/7057

Bergoglio, Jorge M.
Corrupção e pecado / Jorge M. Bergoglio; tradução de Sandra Martha Dolinsky. – São Paulo: Editora Ave-Maria, 2013. 48 p.

ISBN: 978-85-276-1452-8

Título original: *Corrupción y pecado*

1. Pecado 2. Igreja Católica I. Título II. Dolinsky, Sandra Martha

13-0323   CDD 248.4

Índices para catálogo sistemático:

1. Pecado - Vida cristã: 248.4

Diretor-presidente: Luís Erlin Gomes Gordo, CMF
Diretor Administrativo: Rodrigo Godoi Fiorini, CMF
Gerente Editorial: Áliston Henrique Monte
Editor Assistente: Isaias Silva Pinto
Preparação e Revisão: Ligia Pezzuto e Isabel Ferrazoli
Diagramação: Ponto Inicial Estúdio Gráfico e Editorial
Produção Editorial: Carlos Eduardo P. de Sousa
Impressão e Acabamento: Forma Certa Gráfica Digital LTDA

CLARET
PUBLISHING GROUP

A Editora Ave-Maria faz parte do Grupo de Editores Claretianos (Claret Publishing Group).
Bangalore • Barcelona • Buenos Aires • Chennai • Colombo • Dar es Salaam • Lagos • Macau • Madri • Manila • Owerri • São Paulo • Varsóvia • Yaoundé.

Índice

Prefácio 5

Prólogo 7

Corrupção e pecado. *Algumas reflexões
a respeito da corrupção* 13

Método 15

A imanência 17

Aparentar 21

Comparar 25

Da comparação ao juízo 27

E do juízo à desfaçatez 29

Triunfalismo 31

Olhando o tempo de Jesus 35

Resumindo 39

A corrupção do religioso 43

Prefácio

A editora Ave-Maria apresenta para o Brasil uma reflexão pontual e esclarecedora do Santo Padre, o Papa Francisco. O original desse livro foi publicado na Argentina em 2005 pela Editorial Claretiana. O texto foi apresentado por Jorge M. Bergoglio em uma assembleia Arquidiocesana de Buenos Aires neste mesmo ano, no tempo do Advento.

A palavra corrupção, por si, desperta em nós um desalento, e de forma equivocada focamos esse problema apenas nas estruturas políticas. Tanto na Argentina quanto no Brasil e nos demais países da América Latina, por força do senso comum, basta ouvirmos a palavra corrupção para, de forma quase instintiva, projetarmos nosso pensamento nos poderes políticos constituídos.

O Papa nos lembra que a corrupção está em toda parte, inclusive dentro de muitos de nós, de nossa própria casa, dentro de nossas comunidades e igrejas. "A corrupção nasce de um coração corrupto", sinaliza o Santo Padre.

Um dos grandes perigos, segundo o Papa Francisco, é incluirmos a corrupção na categoria de pecado. Nós somos pecadores, e isso nos dá a certeza da Misericórdia Divina, basta nos lembrarmos da parábola do Filho Pródigo. A corrupção, porém, não é o pecado em si, mas um dos piores frutos do pecado: "Não devemos confundir pecado com corrupção. O pecado, especialmente quando é reiterativo, conduz à corrupção, mas não quantitativamente (tantos pecados provocam um corrupto), e sim qualitativamente, por criação de hábitos que vão deteriorando e limitando a capacidade de amar..."

Com a leitura deste livro, com toda certeza, nossos horizontes se abrirão, e diremos com a força da convicção: pecadores, sim; corruptos, não!

Pe. Luís Erlin
Editor

Prólogo

Nas reuniões com organismos arquidiocesanos e civis de nossa cidade, aparece, com frequência e quase constantemente, o tema da corrupção como uma das realidades habituais da vida. Fala-se de pessoas e instituições aparentemente corruptas que entraram em um processo de decomposição e perderam sua condição de entidade, sua capacidade de ser, de crescer, de tender à plenitude, de servir à sociedade. Não é uma novidade: desde que o homem é homem sempre se deu esse fenômeno que, obviamente, é um processo de morte: quando a vida morre, há corrupção. Com frequência noto que se relaciona *corrupção* com *pecado*. Na verdade, não é bem assim. Situação de pecado e estado de corrupção são duas realidades diferentes, embora intimamente entrelaçadas.

Tendo em mente essa situação, julguei oportuno tornar a publicar um artigo que escrevi em 1991. Naquela época, os meios de comunicação dedicaram muito espaço e tempo a esse assunto. Era a época em que Catamarca[1]

---

1. Ver nota de rodapé na página 13. (N.T.)

polarizava a atenção nacional e muitos se espantavam por essas coisas acontecerem. Depois, fomos nos acostumando mais à palavra... e aos fatos, como se fizessem parte da vida cotidiana. Sabemos que todos somos pecadores, mas a novidade que se incorporou ao imaginário coletivo é que era como se corrupção fizesse parte da vida normal de uma sociedade, uma dimensão denunciada, mas *aceitável* no convívio cidadão. Não quero pormenorizar em exemplos: os jornais estão cheios disso.

A Arquidiocese está em Assembleia. Não podemos ignorar o tema que, como disse, aparece em nossas conversas e reuniões. Será bom refletirmos juntos sobre esse problema e também sobre sua relação com o pecado. Fará bem sacudirmos a alma com a força profética do Evangelho que nos situa na verdade das coisas, remexendo a folhagem sob a qual a fraqueza humana, unida à cumplicidade, cria o húmus propício para a corrupção. Será muito bom, à luz da palavra de Deus, aprender a discernir os diversos estados de corrupção que nos circundam e ameaçam nos seduzir. Será bom tornar a dizer uns aos outros "pecador, sim; corrupto, não!", e dizer com medo, para que não aceitemos o estado de corrupção como mais um pecado.

"Pecador, sim." Que lindo poder sentir e dizer isso, e, nesse momento, abismarmo-nos na misericórdia do Pai, que nos ama e a todo momento nos espera. "Pecador, sim", como dizia o publicano no templo ("Ó Deus, tem piedade de mim, que sou pecador!", Lc 18,13); como sentiu e disse Pedro, primeiro com palavras ("Retira-te de mim, Senhor, porque sou um homem pecador", Lc 5,8) e depois com lágrimas ao ouvir aquela noite o canto do galo, momento esse que a genialidade de J. S. Bach plasmou na sublime ária *Erbarme dich, mein Gott* (Tenha piedade de mim, Senhor). "Pecador, sim", como Jesus nos ensina pelas palavras do Filho Pródigo: "Meu pai, pequei contra o céu e contra ti" (Lc 15,21) e depois não pôde continuar falando, pois ficou emudecido pelo caloroso abraço do pai que o esperava. "Pecador, sim", como nos faz dizer a Igreja ao começar a Missa e cada vez que olhamos para o Senhor crucificado. "Pecador, sim", como disse Davi, quando o Profeta Natã lhe abriu os olhos com a força da profecia (2Sm 12,13).

Mas como é difícil que o vigor profético alquebre um coração corrupto! Está tão escudado na satisfação de sua autossuficiência, que não permite nenhum questionamento. "Assim acontece ao homem que entesoura para si mesmo e não é rico para Deus" (Lc 12,21). Sente-se à vontade e feliz como aquele homem que planejava construir novos celeiros (Lc 12,16-21) e, quando a situação fica difícil, conhece todas as desculpas para escapar, como fez o administrador corrupto (Lc 16,1-8) que antecipou a filosofia "quem não rouba é trouxa". O corrupto construiu uma autoestima baseada justamente nesse tipo de atitudes enganosas, caminha pela vida pelos atalhos do vantajoso a preço de sua própria dignidade e a dos outros. O corrupto tem cara de "não fui eu", "cara de vaso", como dizia minha avó. Mereceria um doutorado *honoris causa* em cosmetologia social. E o pior é que acaba acreditando. E como é difícil que a profecia entre ali! Por isso, mesmo dizendo "pecador, sim", gritemos com força, "mas corrupto, não!".

Uma das características do corrupto, que se relaciona com a profecia, é certo complexo de inquestionabilidade. Diante de qualquer crítica fica mal, desqualifica a pessoa ou instituição que a faz, procura aniquilar toda autoridade moral que o possa questionar, recorre ao sofisma e ao equilibrismo nominalista-ideológico para se justificar, desvaloriza os outros e arremete com o insulto contra quem pensa diferente (cf. Jo 9,34). O corrupto costuma se perseguir de maneira inconsciente, e é tal a raiva que lhe causa essa autoperseguição que a projeta nos outros, e, de autoperseguido, transforma-se em perseguidor. São Lucas mostra a fúria desses homens (cf. Lc 6,11) diante da verdade profética de Jesus: "Mas eles encheram-se de furor e indagavam uns aos outros o que fariam a Jesus". Perseguem impondo um regime de terror a todos aqueles que os contradizem (cf. Jo 9,22) e se vingam expulsando-os da vida social (cf. Jo 9,34-35). Têm medo da luz porque sua alma adquiriu características de verme: vive nas trevas e debaixo da terra. O corrupto aparece no Evangelho jogando com a verdade: fazendo armadilhas a Jesus (cf. Jo 8,1-11; Mt 22,15-22; Lc 20,1-8), fazendo intrigas para tirá-lo do caminho (cf. Jo 11,45-57; Mt 12,14), subornando quem tem capacidade de trair (cf. Mt 26,14-16) ou os oficiais da vez (cf. Mt 28,11-15). São João os engloba em uma só frase: "A luz resplandece nas trevas, e as trevas não a compreenderam" (Jo 1,5). Homens que não percebem a luz. Podemos reler os evangelhos buscando os traços típicos desses personagens e sua reação diante da luz do Senhor.

Ao apresentar novamente este escrito, gostaria que – neste momento de Assembleia Arquidiocesana – fosse útil para nos ajudar a compreender o perigo de desmoronamento pessoal e social que implica a corrupção; e nos ajudar também na vigilância, pois um estado cotidiano de cumplicidade com o pecado pode nos conduzir à corrupção. O tempo de Advento é adequado para vigiar atentamente sobre as coisas que nos impedem de abrir nosso coração ao desejo do encontro com Jesus Cristo que vem. Que nos deixemos encontrar com Ele para trilhar, renovadamente, o caminho da vida cristã.

Quero agradecer de maneira especial ao Padre Gustavo O. Carrara por sua ajuda moral para fazer esta publicação.

Buenos Aires, 8 de dezembro de 2005
Solenidade da Imaculada Conceição
Jorge Mario Bergoglio, sj.

Corrupção e pecado
Algumas reflexões a respeito da corrupção

Hoje em dia se fala bastante de corrupção, especialmente no que concerne à atividade política[2]. Em diversos ambientes sociais, denuncia-se o fato. Vários bispos apontaram a "crise moral" pela qual passam muitas instituições. Por outro lado, a reação geral perante certos fatos que indicariam corrupção tem sido crescente, e, em alguns casos, como no de Catamarca[3], diante da impotência de gerar uma solução aos problemas, a ação do povo produziu manifestações que se aproximam de uma nova *Fuenteovejuna*[4]. Trata-se de um momento no qual a realidade da corrupção emerge de uma maneira especial.

---

2. Frigerio, Octavio, "Corrupción, un problema político", *La Nación*, ano 122, nº 42.863, segunda-feira, 4 de março de 1991, p. 7.

3. Em 1991, o então presidente Carlos Menem decretou Intervenção Federal na Província de Catamarca, em consequência do chamado "Caso Morales", como ficou conhecido o assassinato brutal de uma adolescente por filhos de políticos poderosos.

4. Obra teatral de conteúdo social escrita por Lope de Vega. (N.T.)

E, contudo, toda corrupção social não é mais que a consequência de um coração corrupto. Não haveria corrupção social sem corações corruptos: "Ora, o que sai do homem, isso é que mancha o homem. Porque é do interior do coração dos homens que procedem os maus pensamentos: devassidões, roubos, assassinatos, adultérios, cobiças, perversidades, fraudes, desonestidade, inveja, difamação, orgulho e insensatez. Todos esses vícios procedem de dentro e tornam impuro o homem" (Mc 7,20-23).

Um coração corrupto: eis aqui o assunto. Por que um coração se corrompe? O coração *não é uma última instância* do homem, fechada em si mesma; não acaba ali a relação (e, portanto, nem a relação moral). O coração humano é coração na medida em que é capaz de se referir a outra coisa, na medida em que é *capaz de aderir*, na medida em que é capaz de amar ou negar o amor (odiar). Por isso Jesus, quando convida a conhecer o coração como fonte de nossas ações, chama nossa atenção sobre essa adesão finalística de nosso coração inquieto: "Porque onde está teu tesouro, lá também estará teu coração" (Mt 6,21). Conhecer o coração do homem, seu estado, implica necessariamente conhecer o tesouro a que esse coração se refere, o tesouro que o liberta e plenifica ou que o destrói e escraviza; neste último caso, o tesouro que o corrompe. De tal modo que a corrupção (pessoal ou social) passa ao coração, que se torna seu autor e conservador, e do coração passa ao tesouro no qual esse coração está aderido.

Método

Gostaria de refletir sobre esse fato para compreendê-lo melhor e também para ajudar a evitar que a corrupção se transforme em um *lugar-comum* de referência, ou em *mais uma palavra* das que se usam na engrenagem nominalista da cultura gnóstica e de valores transversais; essa cultura que tende a asfixiar a força da Única palavra. Penso que, em primeiro lugar, essa reflexão possa ajudar a adentrar a estrutura interna do estado de corrupção, "considerando a fealdade e a malícia que [...] tem em si [...]"[5] e sabendo que, embora a corrupção seja um estado intrinsecamente ligado ao pecado, em algo se distingue dele. Em segundo lugar, também ajuda a descrever o modo de proceder de uma pessoa, de um coração corrupto (diferente do de um pecador). Em terceiro lugar, a percorrer algumas das formas de corrupção que Jesus teve que enfrentar em seu tempo.

Por fim, ajudará a perguntar sobre o modo de corrupção que poderia ser mais próprio de um

---

5. *Exercícios Espirituais* (doravante EE) 57

religioso. É claro que pode levar em si uma corrupção similar à do resto dos mortais, mas aqui me interessaria perguntar pelo que eu chamaria de *corrupção em tom menor*, ou seja: a possibilidade de que um religioso tenha um coração corrompido, mas (que me permitam a palavra) *venialmente*, ou seja, que suas lealdades para com Jesus Cristo adoeçam de certa paralisia.

É possível que um religioso participe de um ambiente de corrupção? É possível que um religioso seja – de alguma maneira – *parcial ou venialmente* corrupto? Todas essas coisas levam, metodologicamente, a nos situarmos em diferentes pontos de vista para, daí, apontar para o tema da corrupção. Além de tudo, deve-se notar que *corrupção* é uma "palavra carregada"[6] de significações contemporâneas, e corre-se o risco de forçar a reflexão para que se acomode a ela.

---

6. "Ein geladenes Wort", como diz van Rad.

A imanência

Não devemos confundir *pecado* com *corrupção*. O pecado, especialmente quando é reiterativo, conduz à corrupção, mas não quantitativamente (tantos pecados provocam um corrupto), e sim qualitativamente, por criação de hábitos que vão deteriorando e limitando a capacidade de amar, encolhendo cada vez mais a referência do coração a horizontes mais próximos de sua imanência, de seu egoísmo. Assim afirma São Paulo: "Porquanto o que se pode conhecer de Deus eles o leem em si mesmos, pois Deus lhes revelou com evidência. Desde a criação do mundo, as perfeições invisíveis de Deus, o seu sempiterno poder e divindade tornam-se visíveis à inteligência, por suas obras; de modo que não se podem escusar. Porque, conhecendo a Deus, não o glorificaram como Deus, nem lhe deram graças. Pelo contrário, extraviaram-se em seus vãos pensamentos, e se lhes obscureceu o coração insensato. Pretendendo-se sábios, tornaram-se estultos. Mudaram a majestade de Deus incorruptível em representações e figuras de homem corruptível, de aves, quadrúpedes e répteis." (Rm 1,19-23). Aqui aparece claro o processo que vai do pecado à corrupção, o que isso implica de cegueira, de abandono de Deus às próprias forças etc.

Poderíamos dizer que o pecado se perdoa, a corrupção não pode ser perdoada. Simplesmente porque na base de toda atitude corrupta há um cansaço de transcendência: diante do Deus que não se cansa de perdoar, o corrupto se erige como suficiente na expressão de sua saúde e cansa-se de pedir perdão.

Esse seria um primeiro traço característico de toda corrupção: *a imanência*. No corrupto existe uma suficiência básica, que começa sendo inconsciente e depois é assumida como a coisa mais natural. A suficiência humana nunca é abstrata. É uma atitude do coração concernente a um *tesouro* que o seduz, que o tranquiliza e o engana: "E direi à minha alma: ó minha alma, tens muitos bens em depósito para muitíssimos anos; descansa, come, bebe e regala-te" (Lc 12,19). E, de maneira curiosa, dá-se um contrassenso: o *suficiente* sempre é, no fundo, um escravo desse tesouro e, quanto mais escravo, mais *insuficiente* na consistência dessa suficiência. Assim se explica por que a corrupção não pode ficar escondida: o desequilíbrio entre o convencimento de se autobastar e a realidade de ser escravo do tesouro não pode se conter. É um desequilíbrio que vai para fora, e como ocorre com toda coisa fechada, arde por escapar da própria pressão e, ao sair, esparrama o cheiro desse enclausuramento consigo mesmo: dá mau cheiro. Sim, a corrupção tem cheiro de podre. Quando alguma coisa começa a *cheirar mal* é porque existe um coração preso sob pressão entre sua própria suficiência imanente e a incapacidade real de bastar a si mesmo; há um coração podre por conta de excessiva adesão a um tesouro que o aprisionou.

    O corrupto não percebe sua corrupção. Ocorre como com o mau hálito: dificilmente aquele que tem mau hálito o percebe. Os outros é que o sentem e têm que lhe dizer. Por isso, também, que dificilmente o corrupto pode sair de seu estado por remorso interno. Seu bom espírito dessa área está *anestesiado*. Geralmente o Senhor o salva com provas que vêm de situações que lhe cabe viver (doenças, perdas de fortuna, de entes queridos etc.), e são elas que alquebram a estrutura corrupta e permitem a entrada da graça. Pode ser curado.

Aparentar

Portanto, a corrupção, mais que perdoada, deve ser *curada*[7]. É como uma dessas doenças vergonhosas que se tenta disfarçar e se esconde até que não se pode mais ocultar sua manifestação. Então, começa a possibilidade de ser curada. Não se deve confundir corrupção com vícios (embora a familiaridade com estes possa levar a transformá-los em *tesouro*). O corrupto procura sempre *manter as aparências*: Jesus chamará de sepulcros caiados um dos setores mais corruptos de seu tempo (cf. Mt 23,25-28). O corrupto cultivará, até ao requinte, seus *bons modos* [...] para dessa maneira poder esconder seus *maus costumes*[8].

Na conduta do corrupto, a atitude doente será como que *destilada* e terá a aparência de *debilidades* ou *pontos fracos* relativamente admissíveis e

---

7. Perdoada, curada: as palavras não são exatas nem adequadas, pois todo perdão é curativo. Aqui as contraponho como recurso para poder entender melhor.
8. "Entre tais dirigentes (partidários) não falta quem, à maneira das cortesãs da antiguidade transformadas em vestais, pretenda hoje resgatar-se da suspeita (de corruptos), oficiando de inesperados guardiães do templo da honestidade pública", Frigerio, Octavio, op. cit.

justificáveis pela sociedade. Por exemplo: um corrupto de ambição de poder aparecerá com certa *veleidade* ou *superficialidade* que o leva a mudar de opinião ou a se reacomodar conforme as situações: então, sobre ele se dirá que é fraco, acomodado ou interesseiro, mas a chaga de sua corrupção (a ambição de poder) ficará escondida. Outro caso: um corrupto de luxúria ou cobiça disfarçará sua corrupção com formas mais aceitáveis socialmente e então se apresentará como frívolo. E a frivolidade é muito mais grave que um pecado de luxúria ou cobiça, simplesmente porque o horizonte da transcendência se cristaliza em um *aquém* dificilmente reversível. O pecador, ao se reconhecer como tal, de alguma maneira admite a falsidade desse tesouro a que aderiu ou adere. O corrupto, no entanto, submeteu seu vício a um *curso acelerado de boa educação*; esconde seu tesouro verdadeiro, não o ocultando à vista dos outros, mas reelaborando-o para que seja socialmente aceitável[9]. E a suficiência cresce; começará pela veleidade e a frivolidade, até acabar no convencimento, totalmente seguro, de que se é melhor que os outros:

> "Jesus lhes disse ainda esta parábola a respeito de alguns que se vangloriavam como se fossem justos, e desprezavam os outros: "Subiram dois homens ao templo para orar. Um era fariseu; o outro, publicano. O fariseu, em pé, orava no seu interior desta

---

9. "Guardai-vos de fazer vossas boas obras diante dos homens, para serdes vistos por eles [...] não toques a trombeta diante de ti, como fazem os hipócritas [...] como os hipócritas, que gostam de orar de pé nas sinagogas e nas esquinas das ruas, para serem vistos [...] não tomeis um ar triste." (Mt 6,1-18).

forma: 'Graças te dou, ó Deus, que não sou como os demais homens: ladrões, injustos e adúlteros; nem como o publicano que está ali. Jejuo duas vezes na semana e pago o dízimo de todos os meus lucros'. O publicano, porém, mantendo-se à distância, não ousava sequer levantar os olhos ao céu, mas batia no peito, dizendo: 'Ó Deus, tem piedade de mim, que sou pecador!' Digo-vos: este voltou para casa justificado, e não o outro. Pois todo o que se exaltar será humilhado, e quem se humilhar será exaltado." (Lc 18,9-14).

Comparar

"[...] nem como o publicano que está ali", porque o corrupto necessita sempre comparar-se a outros que aparecem como coerentes com sua própria vida (mesmo quando se trata da coerência do publicano ao se confessar pecador) para encobrir sua incoerência, para justificar sua própria atitude. Por exemplo, para um ser caprichoso, uma pessoa que procura ter clareza dos limites morais e não os negocia é um fundamentalista, um antiquado, um fechado, uma pessoa que não está à altura dos tempos. E aqui aparece outro traço típico do corrupto: *a maneira como se justifica*.

Porque, no fundo, o corrupto tem necessidade de se justificar para si mesmo, mesmo que não se dê conta de que o está fazendo. O modo de se justificar de quem está na corrupção (entenda-se justificar-se comparando-se com outros) tem duas características. Em primeiro lugar, justifica-se por referência a situações extremas, exageradas ou que em si são ruins: rapacidade, injustiça, adultério, falta de jejum, não pagamento do dízimo... (como na parábola acima). É a referência a algo exagerado ou a um pecado incontestável, e, em tal referência, instauram uma comparação entre os *bons modos* de suas falhas e a contundência do pecado a que aludem. Trata-se de uma comparação falseada, porque os termos são de gêneros diversos: compara-se uma aparência com a realidade. Mas, ao mesmo tempo, aplica-se ao outro uma realidade que não é tal qual. E aqui aparece o *segundo traço*; na comparação, o termo a que se refere está caricaturado (ou costuma estar). Ou caricaturado em si mesmo (e seria o caso mencionado do fariseu em relação ao publicano), ou caricaturado nas relações com situações de fora ou que lhe concernem de alguma maneira, nas quais se utilizam *interpretações* de fatos à luz de outros fatos parecidos, aparentemente reais, ou reais, mas aplicados inadequadamente. (É o caso da blasfêmia dos fariseus para com Jesus: "[...] Nós não somos filhos da fornicação [...]"[10]; ou a redução da atividade de Jesus a um mero *cara-pintada* de seu tempo: "[...] Se o soltares, não és amigo do imperador, porque todo o que se faz rei se declara contra o imperador"[11]. Aqui, por exemplo, projeta-se na comparação um fato político). Quando nos encontramos diante de justificativas desse tipo, geralmente podemos presumir que estamos diante de um caso de corrupção.

---

10. Jo 8,39-41. Laurentin traz, a propósito deste texto, a exegese de alguns que pensam que se refere à Mãe de Jesus no momento em que voltou a Nazaré de Aim. Já eram evidentes os sinais da maternidade, e é isso o que leva José a querer deixá-la em segredo. Muitos teriam pensado mal dela no sentido de que houve transgressão da lei. Essa exegese é verossímil do ponto de vista bíblico, e os fariseus aqui *se restauram* na Mãe de Jesus. Eu não veria dificuldade em aceitar a exegese do ponto de vista teológico, pois indicaria um passo a mais na humilhação de Jesus e de sua Mãe, que o acompanhou durante todo o caminho.

11. Jo 19,12. Obviamente que aqui há um *reducionismo* na comparação.

Da comparação ao juízo

Ao se comparar, o corrupto se erige em juiz dos outros: ele *é a medida* do comportamento moral[12]. "[...] nem como o publicano que está ali" significa "esse aí não é como eu, e por isso agradeço."[13] É como se dissesse: eu sou a medida do cumprimento (cumpro e minto): pago os dízimos etc. Mas nisso de medida há algo mais sutil: nenhuma pessoa pode forçar tanto a realidade arriscando-se a que essa mesma realidade se volte contra ela mesma.

---

12. Para erigir-se em juiz, o corrupto procura aparecer como um *equilibrado*, como um *centrista*; e quando as circunstâncias o obrigam a tomar medidas desmesuradas que denunciariam sua corrupção, a mostrar um desequilíbrio, sabe demonstrar que esse desequilíbrio era necessário para um equilíbrio maior. Mas nunca, mesmo no desequilíbrio tático, deixará de se sentir juiz de uma situação. Cf. o dito a esse respeito de Frigerio, na nota 5: a mesma corrupção de cortesão o transforma em vestal, quando lhe é conveniente.

13. Ou seja: "Eu agradeço porque há tão poucos como eu". O corrupto procura se afastar de toda *corporação*, sempre se sente *além* do outro.

E do juízo à desfaçatez

Voltar-se contra ele mesmo. O ser é transcendentalmente *verum*, e eu poderei distorcê-lo e torcê-lo como uma toalha com a negação da verdade. Mas o ser continuará sendo *verum*, mesmo que, em sua imanência situacional, consiga-se apresentá-lo de outra maneira. O ser luta para se manifestar como é[14]. No núcleo do juízo que faz um corrupto, instala-se uma mentira, uma mentira para a vida, uma mentira metafísica para o ser que, com o tempo, se voltará contra quem a faz. No plano moral isso é evitado pelos corruptos, projetando sua própria maldade em outros. Mas é uma solução provisória, temporária, que não faz mais que aumentar a tensão do ser para recuperar sua veracidade (posto que nunca perdeu sua verdade). E Jesus lhe diz que não é o outro o mau, e sim que "se teu olho estiver em mau estado, todo o teu corpo estará nas trevas"[15].

---

14. Toda a criação anseia por isso, como que sofrendo *dores de parto*, no dizer de São Paulo em Rm 8,22.

15. Mt 6,22. E se estiver em mau estado, é melhor que o arranque.

A corrupção leva a perder o *pudor* que guarda a verdade, o que faz possível a veracidade da verdade. O pudor que guarda, além da verdade, a bondade, a beleza e a unidade do ser. A corrupção se move em outro plano que o do pudor: ao situar-se *aquém* da transcendência, necessariamente vai *além* em sua pretensão e em sua complacência. Transitou o caminho que vai do *pudor à desfaçatez pudica*[16].

---

16. Talvez com uma comparação se entenda melhor. Roubar a bolsa de uma senhora é pecado: o *trombadinha* vai preso, a mulher conta a suas amigas o que aconteceu, todas concordam que o mundo anda mal e que as autoridades teriam que tomar medidas, pois não se pode sair à rua... E a senhora em questão, a assaltada pelo *trombadinha*, nem pensa em como seu marido, nos negócios, engana o Estado não pagando os impostos, e despede os empregados a cada três meses para evitar *vínculo empregatício* etc. E seu marido, e ela também, quem sabe, nas reuniões se orgulham dessas manhas empresariais e comerciais. A isso chamo de *desfaçatez pudica*. Outro caso: a prostituição é pecado, e as prostitutas são chamadas de *mulheres de má vida*, ou simplesmente *mulheres ruins*. Socialmente, diz-se que são execráveis porque contaminam a cultura e a boa educação etc. etc. E a mesma pessoa que diz isso vai à festa do terceiro casamento de uma conhecida (depois do segundo divórcio), ou aceita que fulana ou sicrana tenha algum caso (desde que tenha bom gosto), ou que se publiquem as insatisfações amorosas de tal ou qual atriz de cinema, que troca de *companheiro* como de sapatos. É o que quero dizer: há uma diferença entre a *prostituta* e a assim dita *mulher sem preconceitos*. Aquela não perdeu ainda seu pudor; esta, aparentemente, está *além* do pudor, em uma atitude de desfaçatez, que as convenções sociais transformam em pudica.

Triunfalismo

Unido a esse *ser medida* de juízo há outro traço. Toda corrupção cresce e, ao mesmo tempo, se expressa em atmosfera de triunfalismo. O triunfalismo é o caldo de cultura ideal de atitudes corruptas, pois a experiência diz que essas atitudes dão bom resultado, e assim a pessoa se sente *ganhadora*, triunfa. O corrupto se *confirma* e ao mesmo tempo *avança* nesse ambiente triunfal. Tudo vai bem. E nesse *respirar o bem*, usufruir o vento em popa, reordenam-se e se rearranjam as situações em valorações errôneas.

Não é vitória, e sim triunfalismo. A veleidade e a frivolidade, por exemplo, são formas de corrupção que podem se aninhar confortavelmente nessa aura nefasta que De Lubac chamava de "mundanidade espiritual"[17], que não é nada além da vitória impostada em triunfalismo da capacidade humana; o humanismo pagão sutilizado em *senso comum* cristão. O corrupto, ao integrar à sua personalidade situações estáveis de degeneração do ser, faz isso de tal maneira que se estimula um sentido

---

17. De Lubac, Henri, *Meditación sobre la Iglesia*, [*Meditation sur l'Eglise*] Desclée, Pamplona, 2ª edição, p. 367-368.

otimista de sua existência, a ponto de se embriagar em um avanço da escatologia, como é o triunfalismo. O corrupto não tem esperança. O pecador espera o perdão; o corrupto, no entanto, não, porque não se sente em pecado: triunfou. A esperança cristã como que se *imanentizou* nas virtualidades futuras de seus já conquistados triunfos, de seus imanentes sinais[18].

É justamente esse triunfalismo, nascido de sentir-se *medida* de todo juízo, que lhe dá vaidade para *rebaixar* os outros à sua *medida* triunfal. Explico: em um ambiente de corrupção, uma pessoa corrupta não deixa crescer em liberdade. O corrupto não conhece a fraternidade ou a amizade, só a *cumplicidade*. Para ele, não vale nem o amor aos inimigos nem a distinção que está na base da antiga lei: ou amigo ou inimigo. Move-se nos parâmetros de *cúmplice* ou *inimigo*. Por exemplo, quando um corrupto está no exercício do poder, implica sempre outros em sua própria corrupção, *rebaixa-os* à *sua medida* e os faz cúmplices de sua opção de estilo[19]. E isso em um

---

18. Esse fenômeno da imanentização da esperança tem sua força na doutrina do *terceiro tempo* de Joaquim de Fiore. Sua concepção da Igreja está corrompida nesse sentido. Sobre sua instituição edificaram-se muitos sistemas de *esperança imanente*. O mistério da Igreja era, assim, *relido* à luz de movimentos culturais ou de fatos políticos imanentes, e, desta maneira, dá-se um fato curioso: em nome do progresso, de dar mais um passo no desenvolvimento da humanidade, imanentiza-se a transcendência, e essa imanência é justamente um *fundamentalismo* mais perigoso que o que implica má compreensão do *voltar às fontes*. Seria o fundamentalismo da imanência, de reler os mistérios eclesiásticos com parâmetros de redenções políticas ou até mesmo de realidades políticos-culturais dos povos, mesmo que sejam boas.

19. Já não é só *medida* em relação ao juízo valorativo, mas também *medida* de associação ou de referência à convocação de adeptos. Para ser companheiro de guerra precisa ser cúmplice dele.

ambiente que se impõe por si mesmo em seu estilo de vitória, ambiente triunfalista, de *pão e circo*, com aparência de senso comum no juízo das coisas e de sentido da viabilidade nas opções variadas. Porque a corrupção implica esse *ser medida*, por isso toda corrupção é *proselitista*. O pecado e a tentação são contagiosos; a corrupção é proselitista[20].

Essa dimensão proselitista da corrupção indica atividade e aptidão para *convocar*. Poderia enquadrar-se no plano de luta de Lúcifer, como caudilho, que Santo Inácio de Loyola apresenta nos Exercícios[21]. Isso não se trata de uma convocação a *cometer pecados*, e sim a *alistar* em estado de pecado, em estado de corrupção: "[...] redes e correntes [...] primeiro tentar de cobiça de riquezas [...] para que mais facilmente vinguem a vã honra do mundo (leia-se triunfalismo) e depois o aumento da soberba [...]". Trata-se de um plano para criar estado suficientemente forte para que possa resistir ao *agora* (o primeiro binário)[22] ou ao *todo* (o segundo binário)[23] do convite à graça[24].

---

20. Há três características de toda tentação ao pecado: a tentação *cresce, contagia e se justifica*. Essas mesmas características aparecem, mas de modo diverso, no estado de corrupção. A corrupção *se consolida, convoca e assenta doutrina*. O *crescer* da tentação já é processo de consolidação; o *contagiar* passa a ter um papel ativo, e por isso é proselitismo; finalmente, a simples *justificativa* se elabora muito mais e assenta doutrina.

21. EE 142.

22. EE 153.

23. EE 154.

24. Aqui a referência é forçada, porque no caso dos *binários* não aparece que seja por corrupção, mas simplesmente algo adquirido, "não pura e devidamente por amor de Deus" (EE 150). Mas serve para exemplificar.

Olhando o tempo de Jesus

No Novo Testamento, aparecem pessoas corruptas, em quem a adesão ao estado de pecado é clara à primeira vista. É o caso de Herodes, o Velho[25], e Herodíades[26]. Em outros a corrupção se camufla em atitudes socialmente aceitáveis, por exemplo, o caso de Herodes (filho) que "de boa mente o ouvia [a João]"[27] e opta pela perplexidade como fachada para defender sua corrupção; ou o de Pilatos, que aparece como o assunto que não lhe diz respeito, e por isso lava as mãos[28], mas, no fundo é para defender a qualquer preço sua zona corrupta de adesão ao poder.

Mas também há, no tempo de Jesus, grupos corruptos: os fariseus, os saduceus, os essênios, os zelotas[29]. Um olhar a esses grupos nos ajuda a nos

---

25. Mt 2,3-15.
26. Mt 14,3ss.; Mc 6,19.
27. Mc 6,20.
28. Mt 27,24.
29. Cf. o livro de Schubert a esse respeito, *Los partidos políticos en tiempo de Jesús*. Aqui simplesmente faço uma descrição muito geral e até simplificada do assunto, só visando a exemplificar o caso da corrupção nas elites.

aprofundar no fato da corrupção diante da mensagem salvadora de Jesus Cristo e sua Pessoa. Há *dois traços* que são comuns a esses quatro grupos. *Em primeiro lugar*, todos elaboraram uma doutrina que justifica sua corrupção ou que a encobre. *O segundo traço*: esses grupos são os mais afastados, quando não inimigos, dos pecadores e do povo. Não só se consideram limpos, como também, com essa atitude, *proclamam* sua limpeza.

Os *fariseus* elaboram a doutrina do cumprimento da Lei até um nominalismo exacerbante, e isso mesmo os leva a desprezar os pecadores, a quem consideram infratores dessa esmagadora lei[30]. Os *saduceus* veem, nos pecadores e no povo, pusilânimes incapazes de negociar com o poder nas diversas conjunturas da vida, e põem justamente na doutrina desse trato negociado com o poder sua corrupção interior que não dá lugar à esperança transcendente. Os *zelotas* buscam uma solução política *aqui e agora*, essa é sua doutrina, atrás da qual escondem uma boa dose de ressentimento social e falta de sentido teológico do tempo. Para eles, a *teologia do desterro* de seu povo não tem vigência. E *os pecadores*, o povo, acabará sendo o *idiota útil* a quem convocarão para ideologizá-lo na luta armada. Por fim, é difícil detectar, à primeira vista, que corrupção há nos *essênios*, pois são homens de muito boa vontade que buscam o recolhimento e, na vida monástica, a salvação de

---

30. Mt 23,13s.

um grupo escolhido. Aqui está sua *corrupção*: foram tentados sob a espécie de bem e deixaram consolidar essa tentação como referência doutrinal de sua vida. Para eles, os pecadores e o povo estão longe desse plano, são ineptos para engrossar esse grupo. A resposta de Jesus a João Batista se dirige, por elevação, a eles: "Ide anunciar a João o que tendes visto e ouvido: os cegos veem, os coxos andam, os leprosos ficam limpos, os surdos ouvem, os mortos ressuscitam, aos pobres é anunciado o Evangelho" (Lc 7,22).

Jesus se erige, pois, diante desses quatro grupos, diante dessas quatro correntes doutrinárias corruptas, recolhendo as promessas de redenção feitas a seu povo[31]. Recorre ao patrimônio de seu povo, como fez no momento da tentação no deserto.

Relê as Escrituras porque são elas que dão testemunho de *seu estilo*[32], em oposição aos estilos alternativos que propõem essas quatro elites.

---

31. Cf. Is 26,19; 42,7; 61,1.
32. Jo 5,39.

Resumindo

A corrupção não é um ato, e sim um estado, estado pessoal e social, no qual a pessoa se acostuma a viver. Os valores (ou desvalores) da corrupção são integrados a uma *verdadeira cultura*, com capacidade doutrinal, linguagem própria, modo de proceder peculiar. É uma cultura de *"pigmeização"*, *que insiste em* convocar adeptos para rebaixá-los ao mesmo nível da cumplicidade admitida e corrupta. Essa cultura tem um dinamismo duplo: de aparência e de realidade, de imanência e de transcendência. A aparência não é o surgir da realidade por veracidade, e sim a elaboração dessa realidade, para que vá se impondo em uma aceitação social o mais geral possível. É uma cultura do *diminuir*: diminui-se realidade em prol da aparência. A transcendência vai ficando cada vez mais *aquém*, é quase imanência, ou no máximo uma transcendência de *botequim*. O ser já não é custodiado, e sim maltratado por uma espécie de desfaçatez pudica. Na cultura da corrupção, há muito de desfaçatez, embora aparentemente o admitido no ambiente corrupto esteja *fixado* em normas severas de cunho vitoriano. Como disse, é o culto aos bons modos que encobrem os maus costumes. E essa cultura se impõe no *laissez-faire* do triunfalismo cotidiano.

Nem sempre alguém se transforma de repente em corrupto. Há um caminho pelo qual a pessoa vai deslizando. E esse caminho não se confunde facilmente com o caminho de cometer pecados. A pessoa pode ser muito pecadora, contudo, não cair na corrupção: talvez seja o caso de Zaqueu, Mateus, a Samaritana, Nicodemos, o Bom Ladrão, que tinham algo no coração pecador que os salvou da corrupção: a adesão à imanência, adesão própria do corrupto, não havia cristalizado ainda, estavam abertos ao perdão. Suas obras nasciam de um coração pecador, eram obras más muitas delas, mas, ao mesmo tempo, esse coração que as produzia *sentia* sua própria fraqueza. E por aí podia entrar a força de Deus. "Pois a loucura de Deus é mais sábia do que os homens, e a fraqueza de Deus é mais forte do que os homens." (1Cor 1,25).

Venho fazendo uma distinção (que pode ser perigosa) entre pecado e corrupção; contudo, é verdadeira. E, contudo, também devo afirmar que o caminho para a corrupção é o pecado. Como se dá isso? Trata-se de uma forma sutil de progressão, ou melhor, de *salto qualitativo* do pecado à corrupção. O autor da carta aos Hebreus nos diz: "Estai alerta para que ninguém deixe passar a graça de Deus, e para que não desponte nenhuma planta amarga, capaz de estragar e contaminar a massa inteira" (Hb 12,15). Obviamente, fala de algo mais que o pecado, indica um estado de corrupção. Ananias e Safira pecaram, mas não foi um pecado nascido de um coração fraco, e sim da corrupção, foi uma fraude, enganaram a Deus[33] e recebem o castigo justamente por essa corrupção que cria neles uma atitude fraudulenta. É preciso que abordemos o problema de distinguir o pecado da corrupção? Creio que não ajudaria muito. Com o dito basta: uma pessoa pode ser reiterativa em pecados e não ser corrupta ainda; mas, ao mesmo tempo, a reiteração do pecado pode conduzir à corrupção. Santo Inácio de Loyola entende isso e por isso não se detém no conhecimento do próprio pecado; faz ir além: ao conhecimento e abominação da desordem das operações e das coisas mundanas e vãs[34]. Sabe do perigo da "raiz venenosa" que "contamina". Em sua adesão ao Senhor, busque o exercitante estado de alma aberto à transcendência, sem que se reserve para si nenhuma área imanente.

---

33. At 5,4.
34. EE 63.

A corrupção do religioso

Corruptio optimi, pessima. Isso pode se aplicar ao religioso corrupto. Pois existem. E existiram, basta ler a história. Nas diversas ordens que pediram uma *reforma* ou que a fizeram, havia em maior ou menor grau problemas de corrupção. Não quero me referir, aqui, aos casos óbvios de corrupção, e sim a estados de corrupção cotidianos, que eu chamaria de *veniais*, mas que estancam a vida religiosa. Como se dá isso?

O Beato Fabro dava uma regra de ouro para detectar o estado de uma alma que vivia tranquilamente e em paz: propor-lhe algo *mais* (*magis*)[35]. Se uma alma estivesse *fechada* à generosidade, reagiria mal. A alma se habitua ao mau cheiro da corrupção. É como em um ambiente fechado: só quem vem de fora percebe a atmosfera rarefeita. E quando se quer ajudar uma pessoa assim, o *cúmulo de resistências* é indizível. Os israelitas eram escravos do Egito, mas haviam se acostumado a essa perda de liberdade, haviam adequado a forma de sua alma a isso, não se iludiam com outra maneira de viver. Sua consciência estava adormecida, e, neste sentido, podemos falar de

---
35. Memorial, 151.

certa corrupção. Quando Moisés anuncia aos israelitas o plano de Deus, eles não quiseram escutá-lo, porque estavam desanimados por conta da dura servidão (Ex 6,9). Depois, quando surgem as dificuldades no caminho do deserto, jogam na cara de Moisés o fato de ter se metido e de os ter metido nesse assunto: "Saindo da casa do faraó, encontraram Moisés e Aarão que os esperavam. Disseram-lhes: 'Que o Senhor vos veja e vos julgue, vós, que atraístes sobre nós a aversão do faraó e de sua gente, e pusestes em suas mãos a espada para nos matar'." (Ex 5,20-21). Os anciãos, cansados e temerosos, querem pactuar com o inimigo, e precisa chegar Judite para *reler* a história a fim de que não aceitem como carneirinhos situações que Deus não quer[36]. Jonas não quer problemas: mandam-no a Nínive e dispara para Társis[37], e Deus tem que intervir com uma longa purificação (uma verdadeira noite no ventre da baleia, *typos* dessa *noite* que vai desde a hora nona da sexta-feira de *Parasceve* até o alvorecer do primeiro dia da semana). Elias diz a si mesmo que avançou demais no assunto da degola dos sacerdotes de Balaam, fica com medo de uma mulher (faz-me recordar a Regra 12 de discernimento, da Primeira Semana dos *Exercícios Espirituais*) e foge com vontade de morrer[38]: não é capaz de suportar a solidão de um triunfo em Deus. Para Natanael é mais fácil o comentário cético de que de "Nazaré não pode sair nada de bom"[39], que acreditar no entusiasmo de Felipe. Os dois discípulos, como outros

---

36. Jt 8,9ss.
37. Jn 1,2-3.
38. 1Rs 19,4.
39. Jo 1,46.

Jonas, também não queriam problemas: são chamados à Galileia e fogem para Emaús...[40], e os demais Apóstolos preferiam não acreditar no que seus olhos viam numa manhã no Cenáculo – diz o Evangelho que não podiam acreditar por conta da alegria (Lc 24,41). Aqui está o nó da questão: um processo de dor sempre *desanima*; provar derrotas conduz o coração humano pelo caminho de se acostumar a elas, para não estranhar nem voltar a sofrer se surgir outra. Ou simplesmente a pessoa está satisfeita com o estado em que está e não quer ter mais problemas.

Em todas essas referências bíblicas, encontramos reticência. O coração *não quer confusão*. Existe o medo de que Deus se meta e nos embarque em caminhos que não possamos controlar. Existe medo da visita de Deus, da consolação. Com isso, vai se gestando um fatalismo; os horizontes vão diminuindo na medida da própria desolação ou da própria quietude. Teme-se a ilusão, e prefere-se o *realismo* do *menos* à promessa do *mais*. E a pessoa esquece que o realismo mais realista de Deus se expressa em uma promessa: "Deixa tua terra, tua família e a casa de teu pai e vai para a terra que eu te mostrar. Farei de ti uma grande nação; eu te abençoarei e exaltarei o teu nome, e tu serás uma fonte de bênçãos." (Gn 12,1-2). Nesse preferir o menos supostamente realista, há já um sutil processo de corrupção: chega-se à *mediocridade* e à *mornidão* (duas formas de corrupção espiritual), chega-se ao *negócio* com Deus segundo as diretrizes do primeiro ou segundo binário. Na oração penitencial, no sacramento

---

40. Lc 24,13.

da reconciliação, pede-se perdão por outros pecados, mas não se mostra ao Senhor esse estado da alma desiludida. É a lenta, mas fatal, esclerose do coração.

Então a alma começa a se satisfazer dos produtos que lhe oferece o supermercado do consumismo religioso. Mais que nunca, vive a vida consagrada como uma *realização* imanente de sua personalidade. Em muitos essa realização consistirá na satisfação profissional, em outros em sucessos de *obras*, em outros em comprazer-se de si mesmos pela estima que lhe têm, outros buscarão, na perfeição dos meios modernos, preencher o vazio que sua alma sente em relação ao *fim* que em dado momento buscou e se deixou buscar por ele. Outros levarão uma intensa vida social: gostarão de sair, de férias com *amigos*, almoços, jantares e recepções; procurarão ser levados em conta em tudo que implique figuração. Eu poderia continuar enumerando casos de corrupção, mas, simplificando, tudo isso não é mais que parte de algo mais profundo: a já mencionada "mundanidade espiritual"[41].

---

41. A mundanidade espiritual constitui "o maior perigo, a tentação mais pérfida, a que sempre renasce insidiosamente quando todas as outras foram vencidas e ganha novo vigor com essas mesmas vitórias". De Lubac, op. cit. O próprio De Lubac a define assim: "Aquilo que praticamente se apresenta como um desprendimento da outra mundanidade, mas cujo ideal moral, e mesmo espiritual, seria, em vez da glória do Senhor, o homem e seu aperfeiçoamento. A mundanidade espiritual não é mais que uma atitude radicalmente antropocêntrica. Essa atitude seria imperdoável no caso – que vamos supor possível – de um homem que estivesse dotado de todas as perfeições espirituais, mas que não o conduzissem a Deus. Se essa mundanidade espiritual invadisse a Igreja e trabalhasse para *corrompê-la*, atacando-a em seu princípio, seria infinitamente mais desastrosa que qualquer outra mundanidade simplesmente moral. Pior ainda que aquela lepra infame que, em certos momentos da história, desfigurou tão cruelmente a Esposa bem-amada, quando a religião parecia instalar o escândalo no próprio santuário, e representada por um Papa libertino, ocultava a face de Jesus Cristo sob pedras preciosas, adereços e espiões [...] Um humanismo sutil inimigo do Deus Vivente – e, em segredo, não menos inimigo do homem – pode instalar-se em nós por mil subterfúgios". Ibid.

A mundanidade espiritual como paganismo disfarçado eclesiasticamente. Diante desses homens e mulheres corruptos em sua vida consagrada, a Igreja mostra a grandeza de seus santos, que souberam transcender toda aparência até contemplar o rosto de Jesus Cristo, e isso os tornou "loucos por Cristo"[42].

Na corrupção *venial*, passam a vida de muitos homens e mulheres, desdizendo sua consagração, acomodando sua alma junto ao tanque, olhando – durante 38 anos – como a água se move e outros se curam[43]. Esse coração está corrupto. Por aí a pessoa sonha acordada e gostaria de vivificar essa parte morta do coração; sente o convite do Senhor, mas não, é muita confusão, muito trabalho. Nossa indigência precisa se esforçar um pouco para abrir um espaço para a transcendência, mas a doença de corrupção nos impede: *"Ad laborem indigentia cogebat, et laborem infirmitas recusabat"*[44]. E o Senhor não se cansa de chamar: "Não temas". Não tema o quê? Não tema a esperança... e a esperança não engana[45].

---

42. Kolvenbach, Peter-Hans, sj., "Locos por Cristo", CIS, XX (ano 1990), 1-2 (63-64), p. 72-89.
43. Jo 5,5.
44. Santo Agostinho, falando à Samaritana; Tract. 15 in Joannem, 17, CCL, 36, 156.
45. Rm 5,5.

Informações sobre a Editora Ave-Maria

Para conhecer outros autores e títulos da
Editora Ave-Maria, visite nosso site:
www.avemaria.com.br
Siga nossas redes sociais:
facebook.com/EditoraAveMaria
instagram.com/editoraavemaria
twitter.com/editoravemaria
youtube.com/EditoraAveMaria

EDITORA AVE-MARIA